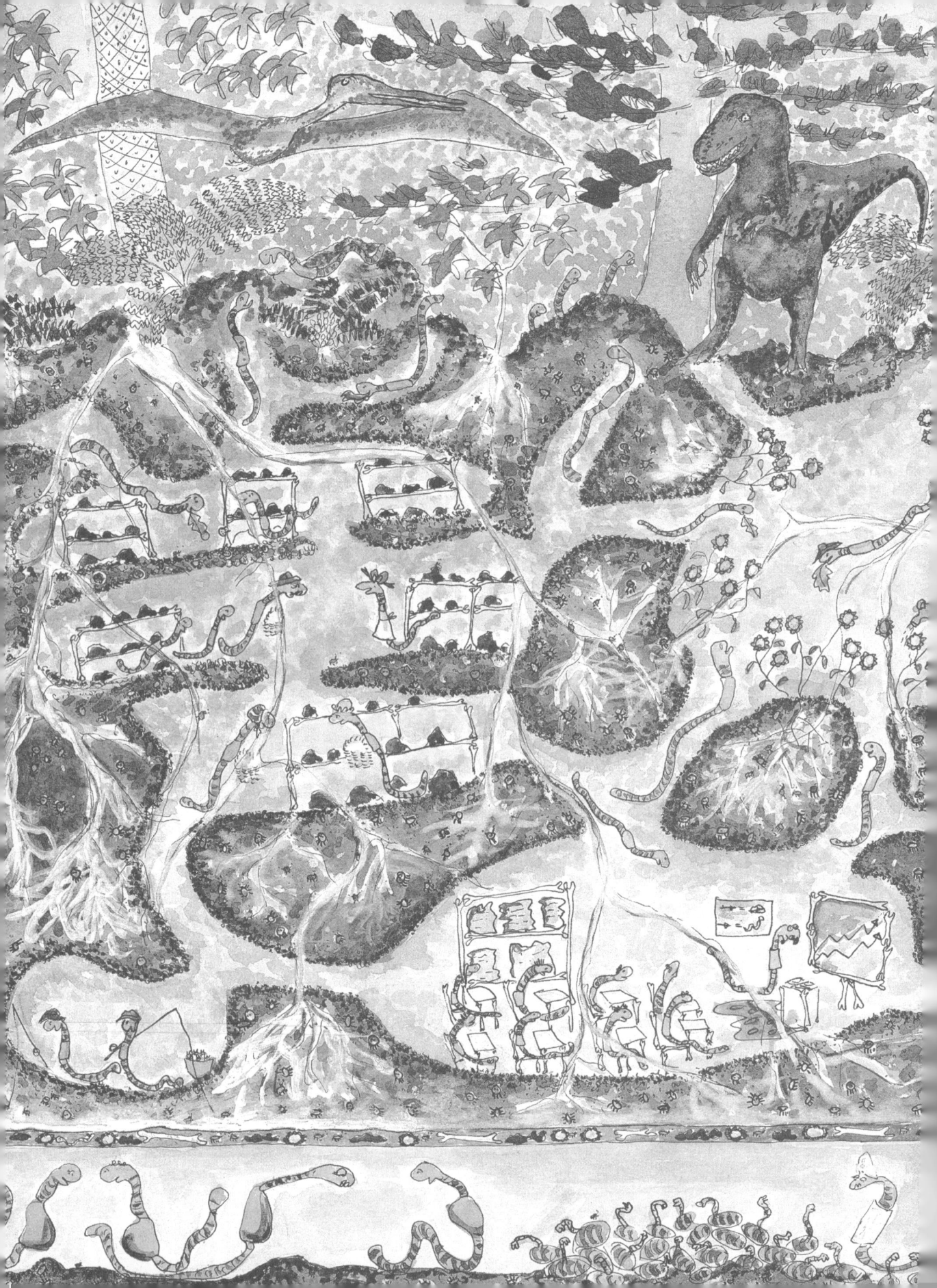

A Worm's Eye View··· the History of the World

Text and Illustrations Copyright ⓒ Caren Trafford, 2001
First published in Australia in 2001 by Etram Pty Ltd
All rights reserved
Korean Translation Copyright ⓒ Hyeonamsa Publishing Co., Ltd, 2003
This Korean Language Edition is published by arrangement with Etram Pty Ltd
through The ChoiceMaker Pty Ltd- Inter Australia Co.

이 책의 한국어판 출판권은 인터 오스트레일리아를 통해
Etram Pty Ltd 와의 독점 계약으로 (주)현암사에 있습니다.
신저작권법에 의해 한국 내에서 보호를 받는
저작물이므로 무단전재와 무단복제를 금합니다.

지구를 구한 꿈틀이사우루스

초판 1쇄 발행 | 2003년 6월 5일
초판 42쇄 발행 | 2024년 1월 20일

글쓴이 | 캐런 트래포드
그린이 | 제이드 오클리
옮긴이 | 이루리
펴낸이 | 조미현

펴낸곳 | (주)현암사
등록 | 1951년 12월 24일 · 제10-126호
주소 | 04029 서울시 마포구 동교로12안길 35
전화 | 02-365-5051 · 팩스 | 02-313-2729
전자우편 | child@hyeonamsa.com
홈페이지 | www.hyeonamsa.com
블로그 | blog.naver.com/hyeonamsa
인스타그램 | www.instagram.com/hyeonam_junior

ISBN 978-89-323-7001-9 77840

* 잘못된 책은 바꾸어 드립니다. 책값은 뒤표지에 있습니다.
* 현암주니어는 (주)현암사의 아동 브랜드입니다.

KC	제품명 도서	전화 02-365-5051
	제조년월 2024년 1월	제조국명 대한민국
	제조자명 (주)현암사	사용연령 6세 이상
	주소 서울시 마포구 동교로12안길 35	
주의 책 모서리에 부딪히거나 종이에 베이지 않도록 주의해 주세요.		
• KC 마크는 이 제품이 공동안전기준에 적합하였음을 의미합니다.		

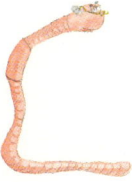

이 책을 땅굴파기 대장, 지렁이한테 바칩니다.

미생물과 흙의 소중함을 일깨우는 다큐멘터리 환·경·동·화

지구를 구한 꿈틀이사우루스

글 | 캐런 트래포드 ● 그림 | 제이드 오클리 ● 옮김 | 이루리

현암
주니어

인간은 지렁이로 물고기를 잡지만

지렁이를 먹는 물고기와

물고기를 먹는 인간은

다시 지렁이의 먹이가 된다.

햄릿

차례

여러분, 정말 반가워요 ·················· 7

공룡 시대의 지렁이 ·················· 10

그리스 로마 시대의 지렁이 ·················· 26

산업 시대의 지렁이 ·················· 38

지렁이가 정말 중요한 이유는? ·················· 54

여러분, 정말 반가워요!

저는 지렁이 아줌마 캐런 트래포드예요. 지금부터 여러분에게
재미있는 이야기를 해 드릴게요. 이 이야기는 유명한 지렁이 역사가
꿈틀이사우루스 2세에게 직접 들은 것이랍니다.
그 분을 만나려고 저는 한참 동안 땅으로 파 들어갔어요.
그런 후에야 간신히 꿈틀이사우루스 2세를 만났지요. 딴 지렁이들은
그 분을 그냥 꿈틀이라고도 부른대요. 저는 꿈틀이 씨에게 정중하게
부탁했어요. 지렁이가 세계 역사에서 어떤 역할을 했는지 설명해 달라고요.
꿈틀이 씨는 의자에 앉아 꿈틀이사우루스 1세의 초상화를 그윽히
쳐다보았어요. 그러다가 마침내 뜨거운 차를 마시며 이야기를 시작했지요.

다정한 웃음을 띤
꿈틀이사우루스 1세의
초상화를 올려다보는
꿈틀이사우루스 2세

공룡 시대의 지렁이

우리 지렁이가 지구에 처음 나타난 것은 바로 무시무시한 공룡 시대였어요.
용감한 우리 조상님은 공룡을 전혀 겁내지 않았어요. 오히려 커다란 공룡
응가를 일터로 삼아 이 응가에서 저 응가로 옮겨 다니며 살았답니다.
위대하신 조상님은 너무너무 바빴어요. 오늘날처럼 그 옛날에도
우리가 제일 잘하는 일을 하느라고 말이죠. 그게 뭐냐고요?
그건 바로…… 먹고, 먹고 또 먹고…… 또 계속해서 먹는 일이었답니다.
그럼 우리 조상님이 제일 좋아하는 음식은 무엇일까요?
바로바로 크고 김이 모락모락 나는 공룡 응가 덩어리였답니다.
조상님은 맛있는 공룡 응가 속을 헤치고 다니며 계속 먹었어요.
그러다가 더 이상 참을 수 없는 순간이 오면 공룡 응가 속에 응가를 했지요.
그런데 놀라운 사실은 바로 이 지렁이 응가가 식물에겐 최고로
맛있는 음식이라는 거예요. 우리 조상님은 공룡 응가로
식물을 위한 식량을 만든 거지요. 정말 위대한 분들이죠?
여러분! 이런 상상을 한번 해 보세요.
우선 꿈틀이사우루스 왕과 그 친구들,
친척들을 떠올려 보세요.

그 다음엔 엄청나게 많은 우리 조상님이 다 함께 뭔가를 찾아 움직이는 모습을 그려 보세요. 물론 그 분들이 찾는 건 신선하고 먹음직스런, 이제 막 싸 놓은 공룡 응가 덩어리지요. 참으로 멋진 모습이 아닙니까? 저는 그 분들이 꼭 우리 조상이어서가 아니라 진심으로 존경합니다. 만약 여러분이 지렁이라면 공룡 응가 속을 헤치고 다니며 날마다 열심히 일할 수 있겠어요? 그런데 우리 조상님은 공룡 응가를 부지런히 먹고 자라서 결국에는 행복한 가정을 이루었답니다. 진짜 존경스럽지요?

높은 곳에서 떨어지는 엄청 큰 공룡 응가를 상상해 보세요! 선사 시대 지렁이들이 얼마나 무서웠겠어요?

지렁이는 **여행**을 정말 **좋아해!**

굳이 이 동물이 무엇인지 밝히고 싶지는 않아요. 하지만 두 발로 걷는 동물이 누구인지 여러분은 잘 알고 있지요? 이 동물과는 달리 우리는 아주 똑똑하답니다. 옛날부터 우리 지렁이는 눈앞의 먹을 것보다는 앞날을 생각할 줄 알았으니까요. 맛좋은 응가 한 덩어리만 가지고 어른 지렁이와 새끼 지렁이가 모두 배불리 먹을 수 있을까요? 당연히 그럴 수 없다는 것을 우리 조상님은 잘 알았어요. 선사 시대 조상님은 자신들이 배불리 먹고 난 후 다시 가장 촉촉한 응가를 찾아 다녔습니다. 응가를 찾아 그곳에 알주머니를 낳고는 또 다시 거대한 응가를 찾아 떠났어요. 왜냐고요?
바로 새끼 지렁이를 위해서죠! 그래서 이 여행을
'지렁이의 아름다운 대이동' 이라고 부른답니다.
우리는 다른 곳으로 옮겨갈 때 언제나
식량을 충분히 남겨 놓지요.

여행 갈 때는 보통 짐을 적게 가져가지요. 오늘날까지도 새끼 지렁이를 위해 머나먼 길을 기어 다니는 지렁이 떼를 볼 수 있어요. 요즘엔 이걸 '달밤에 체조하기' 라고 한다나요?

집 안에서 언제나 읽을거리가 필요한 곳은? 네, 바로 화장실과 거실입니다!

새끼 지렁이가
알에서 깨어나면
먹을 게 필요하니까요.
우리가 어려운 때를 넘기고
지금껏 살아남을 수 있었던 건 이 오랜 습관 덕분이에요.
여러분도 잘 알아두세요!
한번 만들어진 좋은 습관은 결코 쉽게 사라지지 않는답니다.
그런데 지렁이는 하룻밤에 얼마나 멀리 갈 수 있을까요? 놀라지 마세요.
과학자들이 연구한 결과 하룻밤만에 무려 3km가 넘는 거리를 여행한대요.
한두 마리도 아니고 수백만 마리가 여행 준비를 한 후 새 집을 찾아
먼 길을 떠난답니다. 자그마치 1천 6백만 마리나 되는 지렁이가 다같이
꿈틀거리며 이동하는 모습을 상상해 보시라고요!
아 참, 지렁이가 기어가는 속도는 저마다 다 다르다는 걸 아세요?
어떤 녀석은 너무 빨라서 사진을 찍을 수도 없답니다!

밥잘먹는 지렁이가 알도 잘 낳지

우리 지렁이가 두 발로 걷는 동물보다 똑똑하다는 얘기는 했죠?
우리는 항상 식량이 많고 적음에 따라 수를 늘리기도 하고
줄이기도 해 왔어요. 어떻게 그럴 수 있냐고요?
우리는 먹을 게 부족하면 번식력을 잃는답니다.
번식력을 잃는다는 건 새끼를 많이 낳을 수 없다는 뜻이에요.
새끼를 낳지 않아 식구가 늘지 않으니까 먹을 게 부족하지는 않겠지요?
따라서 다른 지렁이도 모두 살아남을 수 있답니다.
그런데 만약 식량이 부족한데도 계속 새끼를 낳는다면?
그땐 정말 많은 지렁이가 굶주림에 시달리겠지요.

나이 많은 유모를 처음 본
새끼 지렁이들은
깜짝 놀라기도 한답니다.

물론 우리 똑똑한 지렁이가

그런 어리석은 일을 할 리 없지만요.

주변에 다시 식량이 많아지면 번식력도 곧 되살아납니다.

다시 짝짓기를 해서 알주머니를 낳기 시작하지요.

여러분은 아마 알주머니가 무엇인지 궁금할 거예요.

제가 말하는 알주머니는 바지 주머니가 아니랍니다.

물론 가방 주머니도 아니에요. 알주머니란 귀여운 지렁이 알이 담겨 있는

'지렁이 주머니' 랍니다. 알주머니 하나에는 알이 1개에서 20개까지 들어 있어요.

여러분은 우리 지렁이가 '자웅동체' 라는 것을 알고 있나요?

'자웅동체' 가 뭐냐고요? 그건 남자인 동시에 여자라는 뜻이에요.

우리는 남자 지렁이와 여자 지렁이가 따로 있지 않아요.

새끼를 낳는 데 필요한 수컷의 특징과 암컷의 특징을 한 몸에 지니고 있어요.

따라서 짝짓기를 하면 두 마리 다 임신을 하고,

알주머니를 낳지요!

이게 바로 우리 지렁이가

많은 알을 낳는 이유랍니다.

김이 모락모락 피어오르던 선사 시대 정글은 습기가 많고 따뜻했어요.
덕분에 새끼 지렁이는 알을 빨리 깨고 나올 수 있었어요.
요즘엔 알을 깨고 나오는 데 보통 2주일에서 5주일이
걸린답니다.

어린 시절 가장 즐거웠던 일은?
그야 물론 훌륭한 지렁이가 되기 위해
열심히 공부했던 기억이죠.

설마 지렁이가 지렁이를 미끼로 쓰겠어요?

지렁이는 태어나자마자 많은 것을
할 줄 알아요. 맛있는 응가를 찾아내는
방법도 아주 빨리 배운답니다. 스스로
공룡 응가를 찾아내 엄청난 양을 먹어 치워요.
그러다 보면 새끼 지렁이는 어느 새 다 자라 어른이 된답니다.
처음엔 겨우 1센티미터도 안 되는 키에 꼼지락거리는 하얀 실처럼
생겼던 녀석들이 말이에요.
새끼 지렁이가 어른 지렁이만큼
몸집이 커지면 무엇을 할까요?
그야 당연히 응가를 먹고,
기어 다니고, 낚시도 다니고,
또 다시 새로운 응가를
찾아 다니죠!

*화장실은 언제나 붐볐어요.
하루도 거를 수가 없었거든요*

지렁이가 **세상**을 구했다고?

공룡 시대는 정말 살기 좋았어요. 모든 생물이 그야말로 많지도 적지도 않게 잘 어우러져 살았으니까요. 식물은 햇빛을 받고 잘 자라서 동물의 먹이가 되지요. 동물은 그것을 먹고 응가를 해요. 그 응가를 이번에는 지렁이가 먹고 다시 응가를 해서 식물을 위한 식량을 만들어 줘요. 그러면 식물은 그 식량을 먹고 무럭무럭 자랐답니다. 세상은 그렇게 돌고 돌았던 거예요.
그런데 우리 지렁이는 어떻게 그 더러운(사실 우리에겐 맛있지만……) 응가로 식물이 좋아하는 식량을 만들까요? 우리가 공룡 응가를 먹으면 내장에서는 그 응가를 소화시켜요. 소화가 된 양분은 지렁이 응가가 되어 나오지요. 이 응가가 바로 최초의 비료랍니다. 지렁이 응가 속에는 식물이 좋아하는 영양분이 듬뿍 들어 있거든요.
또 박테리아*나 균류*처럼 흙에 이로운 미생물*도 정말 많이 있답니다.

꿈틀이사우루스 왕과 지렁이 친구들은 참 훌륭하지요? 선사 시대 식물에게 필요한 영양분과 이로운 미생물을 아주 많이 만들어 냈으니 말이에요.

> 오후에 산책을 하다 보면 신나는 일이 많이 생긴답니다. 공룡등에 올라탄 저 친구처럼 말이에요

달력에는 달마다 '지렁이에게 감사하는 날'이 중요한 기념일로 표시되었어요

물론 살살이 균류와 꼬맹이 박테리아의 도움을 많이 받았지만요.

공룡이 살던 시대에는 도시도 없고 마을도 없었어요. 뭔가 떨어지면 그 자리에서 바로 누군가가 그것을 이용했어요. 뭐가 떨어졌냐고요?

그야 응가지요. 공룡이 응가를 하면 우리 지렁이가 먹고, 우리가 응가를 하면 식물이 먹고, 식물이 자라면 공룡이 먹었어요.

그때는 모든 것이 이렇게 잘 돌아갔지요.

만약 우리 지렁이가 없었다면 어떤 일이 벌어졌을까요?

아마 공룡은 자기들이 싸 놓은 응가 더미 속에 빠져 허우적거렸을 거예요.

식물도 영양분을 얻지 못해 시들어 죽었을 거고요. 식물을 먹고사는 동물도 먹을 게 없어졌겠죠. 그러면 초식동물을 먹고사는 육식동물은?

두말하면 잔소리죠. 아마 뱃가죽이 등에 달라붙어 버렸을 걸요.

이제 알았죠?

우리가 어떻게 지구를 구했는지 말이에요.

* 박테리아(bacteria): 몸이 하나의 세포로 이루어진 가장 작고 하등한 미생물. 현재 약 2,000여 종이 알려져 있고, 어느 곳이나 양분이 있으면 기생한다.
* 균류(fungi): 동물계, 식물계와 병행하여 균계를 이루는 생물군. 엽록소가 없으며 주로 원핵균류와 진핵균류로 분류한다.
* 미생물(microorganism): 육안의 가시한계를 넘어선 0.1mm 이하 크기의 미세한 생물. 주로 단일세포 또는 균사로 몸을 이루며, 조류, 균류, 원생생물류, 효모류, 사상균류, 박테리아, 바이러스 등이 이에 속한다.

지렁이도 **소화불량**에 걸릴까?

지렁이 몸 속에는 박테리아가 우글거린다는 걸 아나요?
박테리아는 현미경으로 보아야 겨우 볼 수 있을 만큼 작은 벌레랍니다.
이 벌레는 뭐든지 우적우적 씹어먹길 좋아해요. 보통 지렁이 한 마리
몸 속에는 5천억 마리의 박테리아가 살고 있어요. 이것은 지구에
살고 있는 사람을 모두 합친 것보다 100배쯤 더 많은 숫자랍니다!
잠깐, 지금 뭐하는 거죠? 그만 두세요!
박테리아 수를 일일이 세는 일은 엄청난 모험이니까요.
특히 여러분이 손가락도 발가락도 없는 지렁이라면 말이에요.
지렁이 몸은 응가(쓰레기)에 생명을 불어넣는 공장이에요.
박테리아는 그 공장에서 일하는 일꾼이지요.
공장이 쉬지 않고 돌아가려면 항상 신선한 산소가 풍부해야 합니다.
믿을 수 없겠지만 우리는 '폐'가 없어요. 보통은 숨을 쉬려면 '폐'라는
내장이 꼭 필요하지요? 그런데 지렁이한테는 그 '폐'가 단 한 개도
없어요. 다른 동물은 코로 숨을 들이마셔서 폐에 저장하지요.
하지만 우리는 그냥 피부로 공기를 들이마시지요. 온몸이 코라고나 할까요?
온몸으로 들이마시니까 정말 많은 산소를 빨리 얻을 수 있답니다.
그 많은 산소는 다 어디에 쓰냐고요?

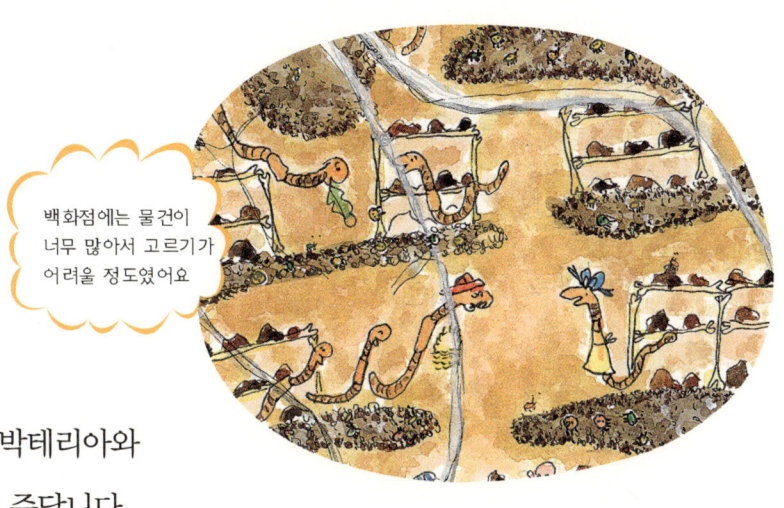

> 백화점에는 물건이 너무 많아서 고르기가 어려울 정도였어요

바로 우리 몸 속에 사는 박테리아와

작은 벌레들에게 나누어 준답니다.

박테리아는 내장 속에서 우글거리고 있어요. 그 안에서 지렁이가

먹은 응가를 먹으며 살아간답니다. 이건 1인분의 음식으로 둘이

배불리 먹는 거나 마찬가지예요. 마술처럼 놀라운 일이죠.

우리는 박테리아와 작은 벌레들을 아주 좋아한답니다.

왜냐하면 요 작은 벌레들이 아주아주 맛있고 진한 국물을 만들어 주거든요.

입으로 먹은 것은 반드시 항문(응가가 나오는 구멍)으로 나온다는 걸 모르는

사람은 없겠죠? 지렁이 응가 구멍으로 나오는 것을 과학자들은 '지렁이 분변토'

라고 부른답니다. 하지만 저는 '지렁이 응가' 라는 말이 더 좋아요.

그 속에는 작은 벌레들과 박테리아 국물이 들어 있어요.

작고 예쁜 지렁이 응가 한 알마다 벌레와 국물이 깔끔하게 포장되어 있답니다.

이렇게 만들어진 지렁이 응가는 식물에게 최고의 영양분이 됩니다.

여러분에겐 땅에 떨어진 잎이나 나뭇가지 그리고 응가가 그저 더러운

쓰레기로만 보이겠죠? 우리 지렁이와 내장 속 박테리아는 바로 그 쓰레기로

식물을 위한 최고의 음식을 만들어요. 그러니까 자연에는 원래 쓰레기가 없지요.

자연에 있는 모든 것은 또 다른 누군가를 위한 맛있는 음식이라고요.

지렁이는 병원에 가지 않아!

> 지렁이는 종종 가벼운 여행을 즐긴답니다.

우리는 좀처럼 아픈 일이 없다는 걸 알고 있나요? 왜 지렁이는 병에 걸리지 않을까요? 바로 우리 몸 속에 사는 박테리아 때문이에요. 이 박테리아는 정말 착하고 이로운 녀석들이거든요. 요 귀여운 녀석들은 위급할 때면 금세 엄청난 숫자로 불어나요. 그래서 나쁜 병을 일으키는 박테리아가 건강한 우리 몸에 발을 붙이지 못하게 한답니다. 지렁이들은 또 다이어트를 열심히 해요. 신선한 공기를 많이 마시고 깨끗한 물만 먹지요. 게다가 맛있는 응가를 찾느라 하루 종일 산처럼 많은 흙 속을 헤집고 다녀요. 그러니 얼마나 운동이 되겠어요!

여러분도 건강하게 자라고 싶다면
우리 지렁이처럼 해 보세요. 열심히 먹고,
열심히 응가하고, 열심히 운동을
하는 거예요.
다시 말하지만 공룡이 살던 시절은
우리 지렁이가 살기에도 정말
좋았어요. 그 뒤로도
꽤 오랫동안은 괜찮았죠.
적어도 인간이 나타나기 전까지는…….

어린이 지렁이는 머리와 눈을
한꺼번에 쓰는 기술을 꼭 배워야 해요.
그래야 운동을 잘하거든요.

힘든 하루 일과(쓰레기 먹기)를
마치고 나면 체육관에서
열심히 운동을 해요. 우리는
이 시간을 제일 좋아한답니다.

그리스 로마 시대의 지렁이

시간이 흐르면서 우리 지렁이가 지켜 온 지구에 인간이 점점 많아졌어요.
처음에는 인간도 보통 동물과 다를 게 없었어요.
그저 실컷 먹고는 아무곳에나 응가를 했죠. 그런데 어느 날부터인가
인간은 동굴에서 나와 마을을 만들었어요. 곧 마을에서는 많은 응가가
쏟아져 나왔죠. 얼마 후 인간은 많은 응가를 한꺼번에 처리하는
시설(화장실)을 발명해 냈답니다.
우리 지렁이에 관해 쓸모 있는 내용을 담은
최초의 책을 쓴 사람은 누구일까요? 바로 아리스토텔레스였어요.
자신의 책에 지렁이가 대단히 중요한 동물이며 훌륭한 일을
많이 한다고 써 놓았어요.
아리스토텔레스는 그리스 철학자이자 교육자였어요.
그 분은 이 세상을 거대한 수수께끼라고 생각했답니다. 그리고
지렁이를 지구의 창자라고 불렀어요. (창자는 음식에서 영양분과 수분을
흡수해 응가를 만드는 곳이랍니다.) 그러나 그 분이 우리가 한 일을
얼마나 정확히 이해했는지는 자세히 알 수 없어요.
다만 옛날부터 내려오는 기록과 오래된 도시의 흔적을 통해 우리는
똑똑히 알게 되었답니다. 인간이 도시와 마을을 만들어 살면서부터,

지하에는 큰 하수도가 생기고 땅 위에는 커다란 쓰레기장이
생겼다는 사실을 말이에요.
당연히 우리 지렁이는 이 거대한 식량 창고(하수도와 쓰레기 처리장)로
달려갔어요. 그러고는 우리가 먹을 수 있는 만큼의 쓰레기를
엄청나게 먹어 치웠답니다.
지금은 사라진 고대 이집트의 기록에는 이런 이야기가 있어요.

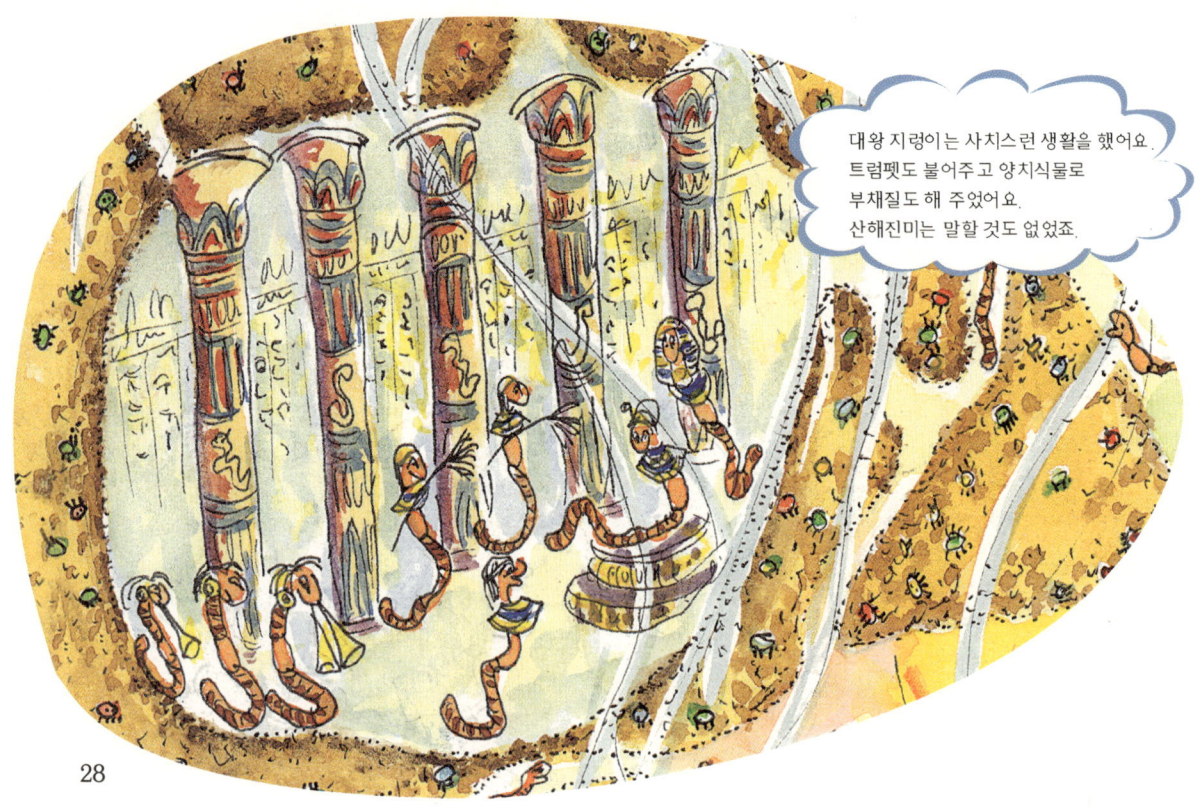

대왕 지렁이는 사치스런 생활을 했어요.
트럼펫도 불어주고 양치식물로
부채질도 해 주었어요.
산해진미는 말할 것도 없었죠.

> 의회에서는 지렁이 응가를 나르는 문제를 놓고 몇 시간씩 열띤 토론을 벌였답니다.

클레오파트라 여왕이 지렁이를
이집트 밖으로 수출하지 못하게
했다는 거죠. 우리 지렁이가
나일강변에 있는 논밭을 기름지게
만든다는 걸 여왕님은 알았던 거예요.
이제 저 유명한 도둑 '살짝이 훔치니우스'의
전설을 이야기해 줄게요.
어느 해 6월 5일 저녁 8시 30분, 깜깜한데다 세찬 바람까지 몰아치는
어느 벌판이었어요. 아무것도 분간할 수 없는 그곳에서 유명한 도둑
훔치니우스는 여왕의 군대에 붙잡히고 말았답니다. 훔치니우스는
왜 체포되었을까요? 바로 여왕의 정원에서 '크니우스 빨가니우스' 지렁이를
몰래 빼내 왔기 때문이에요. 그 뒤로 이집트에서는 이런 말이 생겼답니다.
'여왕의 지렁이를 훔치느니 황금을 훔치는 게 더 쉽다.'
그때부터 우리는 크고 빨간 지렁이가 가장 예쁘다고 생각하게 되었어요.
그 후 수천 년 동안 우리 조상님들 사이에는 크고 빨간 친구를
찾아다니는 모험이 유행했답니다.

> 좀더 편안한 목욕을 즐기기 위해 지렁이들은 문을 발명했답니다.

한편 고대 이집트에서는 동물이나 인간, 식물의 주위에 언제나 맛있는 음식이 떨어져 있었어요. 구수한 응가와 잘 썩은 이파리, 이제 막 부러진 나뭇가지 같은 것들이지요. 인간은 이걸 쓰레기라고 부르지요. 하지만 그 쓰레기가 우리 조상님한테는 훌륭한 먹거리였답니다. 우리는 쓰레기를 너무너무 좋아하니까요!
위대하신 조상님은 동물과 식물이 남긴 쓰레기를 야금야금 먹었어요. 그러고는 놀라운 지렁이 비료를 만들어 냈답니다.
조상님이 만든 비료는 나일강 주변에 있는 논과 밭을 기름지게 했어요. 덕분에 밀밭에는 밀알이 넘치고 과수원에는 여러 열매가 주렁주렁 매달렸지요. 이때까지만 해도 모든 쓰레기가 우리 힘으로 다시 생명을 얻을 수 있었어요.
또 '지렁이 역사책'에는 이런 재미있는 기록이 있어요.
우리 조상님은 특히 수세식이 아닌 재래식 화장실을 좋아했다는 거죠. 재래식 화장실은 넘어다닐 수 있을 만큼 담장이 낮았기 때문이에요. 그땐 작은 농장이나 마을마다 이런 화장실이 유행했거든요.
하하하, 얘기가 좀 다른 길로 샜군요.

여하튼 훌륭하신 조상님은 새로운 환경에 쉽게 익숙해졌어요.
숫자도 엄청나게 늘어났어요. 때로는 진기한 식물이나 동물을 나르는 배에
몸을 싣고 세계 구석구석을 여행하기도 했답니다. 기름진 땅에도 가고,
눈이 날리고 꽁꽁 얼어붙은 땅에도 갔어요. 또 축축하고
김이 모락모락 나는 정글이나 깊은 바다 속까지
갔어요. 지구 어디에도 우리 조상님의
발길이 닿지 않은 곳은 없었지요.

인간은 자기들이 처음으로
이곳저곳을 발견했다고 생각했어요.
하지만 어딜 가든 우리 지렁이가
땅 속에서 튀어 나왔어요.
우리의 발길이 닿지 않은 곳은
지구 어디에도 없었으니까요!

인간이 많아질수록 지렁이도 **행복**하다?

인간의 수는 빠르게 불어나서 더 많은 도시가 새로 생겼어요.
도시가 많아질수록 쓰레기도 늘기 때문에 우리 조상님은 아주 기뻐했답니다.
지렁이가 하루에 얼마나 먹는지 알고 있나요? 지렁이는 날마다 자기 몸무게만큼의
쓰레기를 먹을 수 있어요. 배가 많이 고플 때는
몸무게의 두 배까지 먹기도 해요.

날마다 자기 몸무게만큼씩 먹어 대는
코끼리가 있다고 상상해 보세요!
게다가 우리는 보통 수백만 마리씩
무리지어 산다고요.
그러니까 우리 지렁이가 하루에
먹는 쓰레기 양을 정확히 헤아리는 건
아예 불가능한 일이죠.

요즘은 인터넷을 통해
정보를 주고받지만
예전에는 차를 마시며
세상살이를 배웠답니다

학교 수업을 슬그머니 빼먹고 놀러 가는 친구도 있었어요

자, 그럼 땅 위 생물과
땅 속 생물 중 어느 쪽이
더 많을까요?
강아지가 응가를 하면 그 응가를
다 먹어 치우기 위해서 여러 마리의
지렁이가 필요해요. 왜냐고요? 우리는 자기 몸무게만큼 먹는다고 했으니까,
강아지 응가의 무게만큼 여러 마리의 지렁이가 필요하겠죠.
그런데 지렁이 몸 속에는 약 5,000억 마리의 박테리아가 살고 있어요.
따라서 강아지똥 한 덩어리를 분해하는 데도 수십 마리 지렁이와 셀 수 없이
많은 박테리아가 필요하답니다. 그러니 땅 위에 사는 생물의 수보다
땅 속에 사는 지렁이와 박테리아의 수가 훨씬 많을 수밖에 없겠지요.

인간은 착한 지렁이를 왜 미워할까?

슬프게도 우리 지렁이의 행복한 시절은 오래가지 못했어요.
시간이 지나면서 인간은 지렁이에 대해 나쁜 말을 지어내기
시작했거든요. '지렁이는 미끈거리고 꿈틀거리는데다 아무
쓸모도 없는 동물이다.' 거의 모든 인간이 이렇게 생각했지요.
영국의 유명한 작가 세익스피어를 아시나요?
세익스피어마저 자신의 희곡에 우리 얘기를 지어 넣었어요.
물론 칭찬은 아니었지요.
만약 "지렁이가 당신을 더럽혔도다!"와 같은 말을 들으면
기분이 어떨지 생각해 보세요. 주먹이 부르르 떨리겠죠?
게다가 『안토니오와 클레오파트라』라는 작품에서는
이런 말도 했어요.
"지렁이는 도저히 믿을 수 없는 동물이다. 뿐만 아니라
지렁이의 좋은 점은 눈을 씻고 찾아봐도 없다."
도대체 무슨 까닭으로 이런 말을 한 거죠?
세익스피어는 정말 제정신이었을까요?
여러분은 아름답고 슬픈 사랑 이야기인 『로미오와 줄리엣』을 알고 있나요?
세익스피어는 『로미오와 줄리엣』에서도 지렁이에 대한 험담을 늘어놓았어요.

꿈틀미오(로미오 역을 맡았던 지렁이)는 셰익스피어가 지렁이를 너무 싫어한다며 불평했어요.

"꽃봉오리가 그 달콤한 꽃잎을 공중에 퍼뜨리기도 전에, 그 아름다움을 해님께 바치기도 전에, 시기심 많은 지렁이에게 먹혀 버리듯이……." 라고 말이에요.

한편, 어떤 인간은 우리 이름을 욕처럼 쓰기 시작했어요.

"이 지렁이 같은 놈!" 또는 "자, 이제 그 지렁이 같은 놈이 어떻게 하는지 볼까?" 인간이 서로를 지렁이라고 부르다니! 그럼 우리가 고마워할 줄 알았나 보죠? 우리는 그런 욕설쯤은 참을 수 있어요. 기분은 나쁘지만 어쨌든 말일 뿐이니까요.

그러나 그보다 더 나쁜 일이 기다리고 있다는 걸 우리 조상님은 짐작조차 못했답니다.

산업 시대의 지렁이

1800년대 산업혁명이
시작하면서 지렁이에게
큰 위기가 닥쳤어요.
공장이 많이 생기고
인간이 몰려들면서 무
지무지하게 큰 도시가
나타나기 시작했지요.
그 도시에서
나온 쓰레기가 강과
바다로 흘러들었고요.
우리가 살 수 있는 땅은 점점
줄어들었어요. 먹을 것을 구하기도 점점 더 힘들어졌지요.
인간이 땅이란 땅에는 죄다 길을 닦고 건물을 지었거든요.
이때, 단 한 사람이 우리 지렁이를 위해 목소리를 높였어요.
바로 찰스 다윈이에요. 1800년대 후반, 다윈은 세계에서 가장 유명한
박물학자이자 탐험가였죠. 또 우리의 친구였어요.
그는 지렁이가 지구를 위해 정말 중요한 생물이라는 걸 알고 있었어요.

다윈은 아주 친한 친구들에게만 대머리에 오를 수 있게해 주었어요.

하지만 다른 사람들은 그 사실을 몰랐답니다.
다윈은 죽기 전 10년 동안 지렁이만 연구했어요.
그러고는 1881년 영국에서 위대한 책을 출판했어요.
바로 『지렁이의 활동이 어떻게 식물의 부식토를 만드는가』라는 책이지요.
다윈은 그 책에서 이렇게 썼답니다.
"흙을 뒤섞는 데 쓰는 쟁기는 인간의 발명품 가운데 가장 오래되고
귀중한 것입니다. 하지만 인간이 이 세상에 나타나기 오래 전부터 지렁이는
끊임없이 자연 상태의 흙을 뒤섞어 왔습니다. 또 지금도 지렁이는 계속해서
흙을 뒤섞어 주고 있습니다. 지구 역사상 이 보잘것없는 동물만큼 중요한
역할을 해 낸 동물은 없을 겁니다."
저는 다윈이 한 얘기 가운데
'보잘것없는'이라는 말에는
동의할 수 없어요. 하지만
그 나머지 말은 아주
정확합니다. 어쨌든
다윈은 꽤 괜찮은
인간이었어요.

밤마다 잘 시간이 되면 궁금했어요. 오늘은 또 누가 집을 잃고 찾아올지 아무도 모르니까요.

19세기에 살던 우리 조상님은 다윈을 보며 이렇게 생각했죠. 지렁이가 지구의 자연 환경을 지키는 데 꼭 필요한 존재라는 걸 마침내 인간들이 깨달았다고요.

하지만 그건 정말 오해였어요.

사실 다윈의 말을 귀담아듣는 인간은 아무도 없었어요. 지렁이에 대한 칭찬도, 우리가 흙을 뒤섞어 숨쉬게 했다는 얘기도 믿지 않았지요.

우리는 지구를 위해 힘들게 일했지만 인간은 그런 사실을 알아주거나 고마워하지도 않았던 거예요.

산업혁명에 뒤이어 화학 시대가 열렸어요.

인간은 과학, 그중에서도 특히 화학의 힘에 푹 빠졌지요.

인간의 수는 계속 늘어났어요. 점점 많은 사람이 농사를 그만두고 일자리를 찾아 도시로 몰려들었답니다. 이제는 더 많은 식량이 필요하게 되었지요. 과학자들은 새로운 농사 방법을 찾기 시작했어요.

이때 화학이 그 해결책으로 등장했어요.

과학자들은 여러 약품을 발명했죠. 식물이 병에 걸리는 것을 막고, 열매를 많이 열리게 하고, 해로운 곤충을 없애고, 농사가 잘못되는 것을 막아 줄 화학 약품을 속속 개발했어요.

그때만 해도 인간은 배울 수 있는 기회가 많지 않았어요.

한마디로 아는 게 별로 없었지요. 인간은 지렁이가 살아 있는 식물 뿌리를 먹어서 식물을 죽게 만든다는 어리석은 생각을 했어요.

심지어 몇몇 과학자조차 똑같은 생각을 했지요.

우리는 쓰레기를 먹어서 땅을 기름지게 하고 식물에게 영양분과 여러 가지 이로운 것을 주며 살아왔어요.

하지만 인간은 우리 지렁이의 따뜻한 이웃 사랑을 끝끝내 알아주지 않았답니다.

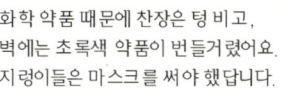

화학 약품 때문에 찬장은 텅 비고, 벽에는 초록색 약품이 번들거렸어요. 지렁이들은 마스크를 써야 했답니다.

인간이 정작 해야 할 일은 동물과 식물이 어떻게
얽혀 있는지, 자연 속에서 생물이
어떻게 살고 죽는지를 이해하는 것이 아닐까요?
하지만 그건 과학자도 어려워했답니다.
그보다는 그냥 화학 약품을 쓰는 게
훨씬 쉬운 일이었지요.
과학자들은 살아 숨쉬는 흙의 성질을
무시했어요. 농업에 관한 연구는
화학에만 기대어 이루어졌지요.
결국 더 많은 농작물을 수확하기 위해
인공 비료를 만들었어요. 또 병충해를 막기
위해 살충제 같은 독한 약품을 만들었고요.
그 후 100년 동안 농부들은 농사를 지을 때
많은 화학 약품을 썼습니다. 이 화학 약품은
오늘날에도 어디에서나 볼 수 있답니다.

병원마다 몸이 아픈 지렁이들이
길게 줄을 섰어요

화학 약품이 지렁이를 망쳤다

인간은 식물을 더 빨리 키우고, 열매도 많이 맺게 하려고
화학 비료를 썼어요. 또 해충을 없애려고 농약을 뿌렸고요.
이제 우리는 더 이상 쓰레기를 먹고 응가를 만들 수 없게 되었어요.
우리 지렁이는 살기 위해 도망쳐야 했어요. 무수히 많은 생물이 죽어갔지요.
지렁이뿐만 아니라 박테리아, 균류 생물까지 말이에요.

일찍 일어난 새는 병든 지렁이를 잡아먹고 일찍 죽기도 했어요

> 지렁이 광장에서는 화학 약품에
> 반대하는 집회가 열렸어요.
> 하지만 어떤 인간도 귀담아 듣지
> 않았답니다.

화학 약품 때문에 제대로
기어 다니지도 못하는 지렁이를
잡는 것은 누워서 떡 먹기죠.
하지만 그 지렁이를 잡아먹은 새도
곧 따라 죽어야 했답니다.
알다시피 이로운 박테리아, 미생물, 균류 생물, 그리고 우리 지렁이는
분명하고 훌륭한 한 가지 소망을 가지고 땅 속에서 살아왔어요.
바로 흙에 생명을 불어넣고, 숨쉬게 하고, 영양분을 만들어 주는 것이지요.
그렇게 해야 모든 식물이 잘 자랄 수 있으니까요.
19세기 말까지는 우리들이 그런 활동을 계속할 수 있었어요.
그때만 해도 인간이 흙에서 생명을 빼앗아 가지는 않았으니까요.
하지만 100여 년 동안 인간은 엄청난 화학 약품과 인공 비료와 독약을
땅에 퍼부었어요. 이유는 물론 흙을 기름지게 하고 해충을 없앤다는 것이었죠.
그 결과는 정말 끔찍합니다. 화학 약품 때문에 우리 지렁이의 수는 상상할 수
없게 줄어들었어요. 수백만 마리가 떼죽음을 당했지요. 이모, 고모, 삼촌,
친구와 먼 친척까지 엄청나게 죽었어요. 모두 농부들의 그릇된 생각 탓이에요.
우리는 화학 약품에 오염된 흙에서 더 이상 살 수가 없답니다.

이 문제는 지금도 계속되고 있어요.

많은 농부가 아직도 화학 비료는 흙에 이롭고, 해충을 죽이는 농약은 수확량을 늘려 준다고 믿지요. 땅 속에 사는 불쌍한 지렁이에게 무슨 일이 생길지 걱정하는 농부는 별로 없어요.

그냥 화학 비료를 뿌리는 것이 농부에겐 훨씬 속편한 일이니까요.

하지만 식물이 건강하게 자라고 좋은 열매를 맺는 진짜 비결은 무엇일까요?

바로 우리 지렁이와 땅 속 생물들 덕분이랍니다.

왜 이렇게 중요한 사실을 모르는 사람이 많을까요?

슈퍼마켓 진열대도 텅 비고
지렁이들은 먹지 못해서 점점 여위었어요.
새끼 지렁이를 낳을 수도 없었지요.
많은 지렁이가 굶주림으로 죽었어요.
살아남은 지렁이는 다른 곳으로 떠났답니다

그 많던 지렁이는 어디로 갔을까?

최근 50년 동안 인간은 조금씩 변하기 시작했습니다.
비로소 자신들이 흙에 많은 잘못을 저질렀다는 걸 깨달았어요.
그리고 무엇을 잘못했는지 진지하게 조사하기 시작했어요.
흙에 뭔가 문제가 생겼다는 증거가 점점 많이 나타났기 때문이지요.
1960년대와 1970년대에 자연을 걱정한 인간들은 많은 책과 기사를 썼답니다.
주로 당시의 농업 방법과 지나치게 살충제를 사용하는 문제를 다루었지요.

화학 약품 때문에 열차를 기다리던 지렁이들이 선로에 떨어져 죽었어요. 그러니 열차도 제 시간에 출발할 수 없었답니다.

그중에는 이런 기사도 있어요.

"독한 화학 약품이 우리가 살고 있는 환경에 어떤 영향을 끼치는지 한번 둘러보십시오. 흙이 죽어갑니다. 오염된 흙에서 자란 씨앗을 먹고 새들도 죽어갑니다. 화학 약품이 강물을 더럽히고 물고기마저 죽이고 있습니다."

우리 지렁이는 흙에 대해 아주 잘 알아요. 독한 화학 약품을
그렇게 많이 쓰면 흙에 몹시 해롭다는 걸 재빨리 알아챘죠.
하지만 농부들은 화학 비료가 가져다 준 눈앞의 이익만 보았어요.
처음에는 화학 약품이 열매를 더 많이 맺게 하고 해충의 수를 줄여 주니까요.
그러나 시간이 지날수록 흙은 병들게 되지요.
계속 많은 열매를 맺으려면 더 많은 화학 약품을 뿌려야 하니까요.

해가 바뀔 때마다 농부들은 더 많은 곡식을 얻으려고, 화학 약품을 사는 데
더 많은 돈을 써야 했어요. 우리는 그런 모습을 멍하니 지켜볼 수밖에 없었지요.
그렇지만 해가 갈수록 수확량은 오히려 줄어들었답니다.

인간은 우리 지렁이를 보잘것없다고 무시하지요. 그러나 우리는 세계 최고의
흙 전문가랍니다. 고맙게도 몇몇 인간은 이런 사실을 알고 있어요.

예를 들어 아프리카 사하라 사막에 사는 한 부족은 흙 속에 지렁이 응가가
얼마나 많은지를 보고 땅이 얼마나 기름진지 판단한대요.

또 정원사는 정원에 지렁이가 많으면 자랑이 대단하답니다.

이들이야말로 무엇이 옳은지 제대로 아는 인간들이죠.

농부들은 누구나 곡물을 많이 얻으려는 욕심이 있어요. 그런 욕심 때문에
지나치게 많은 화학 비료와 약품을
뿌렸답니다. 화학 약품은
빗물에 씻겨 강과 호수로
흘러 들어가서 많은
피해를 주었습니다.

지렁이 선생님은 위험한 땅과 안전한 땅을
구별하는 법을 알려 주려고 애썼어요.
하지만 허기진 학생들은 선생님을
똑바로 쳐다볼 힘도 없었어요.

오염된 강과 호수의 물을
마시거나 그곳에서 수영하면 절대로
안 돼요. 자칫 잘못하면 목숨을 잃을 수도 있으니까요.
물에 가라앉는 배에서 쥐들이 탈출하듯이, 우리 지렁이는 화학 비료로
뒤덮인 흙에서 필사적으로 도망쳤어요. 그 이유는 아주 단순하죠.
떠나지 않으면 죽으니까요. 우리가 흙을 떠나자 흙도 함께 죽어 버렸어요.
비로소 인간은 화학 약품이 흙에 해로운 독약이라는 걸 깨닫기 시작했어요.
저는 인간이 결국 화학 약품을 쓰지 않는 자연스러운 농업 방법을
선택할 거라고 굳게 믿어요.
실제로 요즘에는 점차 자연적인 농업 방법을 이용하고 있어요.
다시 말하지만 지렁이는 흙을 잘 아는 흙박사예요.
정말이에요. 우리 지렁이를 믿으시라니까요!

지렁이가 정말 중요한 이유는?

최근에 열린 지렁이 학술 대회에서 모든 과학자와 지렁이는 깜짝 놀랐어요. 지렁이 응가를 조금 뿌려 준 흙에서 자란 해바라기가 다른 해바라기보다 훨씬더 빨리크게 자란다는 사실을 눈으로 확인했거든요

우리는 땅에 굴을 파고 살아요.
우리가 파놓은 굴은 자연스럽게
흙에 산소와 공기를 불어넣어
주는 통로가 된답니다.
우리가 배불리 먹고 나면
그 유명한 지렁이 응가를 싸지요.
내장을 거쳐서 나온 응가의 비밀을
잊지 않았겠죠? 놀랍게도 그 속에
미생물과 박테리아가 예쁘게 포장되어 들어 있다는 사실 말이에요.
과학자들이 관찰해 보니 기름진 흙에는 이로운 미생물이 엄청나게 우글거리고
있대요. 기름진 흙 속에는 미생물이 얼마나 많이 들어 있을까요?
단 1g의 흙 속에 미생물이 500만 마리가 넘게 살고 있더라는군요.
그러면 우리 지렁이 응가 1g 속에는 미생물이 몇 마리나 있을까요?
놀라지 마세요! 무려 1억 마리가 넘는 미생물이 있답니다.
그러니까 우리 지렁이 응가에는 기름진 흙보다 20배나 많은
미생물이 살고 있다는 말이지요.

그게 뭐 그렇게 대단한 일이냐고요?
대단한 정도가 아니라 마술처럼 놀라운 일이랍니다.
이 미생물이 흙으로 돌아오면 죽어가던 흙도 생명을 되찾기 때문이지요!
사실은 마술이 아니라 바로 자연의 힘이에요.
미생물은 식물이 영양분을 섭취하는 것을 도와 줘요.
또 흙 속에 숨어 있는 나쁜 벌레와 싸워서 식물이 병에 걸리는 것도
막아 준답니다. 이 미생물 덕분에 식물은 더 크고, 더 맛있고, 더 튼튼하게
자라게 됩니다. 그러니 모두 우리 지렁이한테 고마워해야 한다고요.
이 미생물을 흙 속에 퍼뜨린 건
우리잖아요!

유기농 법은 방방곡곡의 지렁이들로부터 환영을 받았답니다

지렁이 농장이 생겼대!

최근 몇 년 동안 인간은 제법 쓸모 있는 발견을
많이 했어요. 그 바람에 지렁이를 바라보는 인간의
시선도 확 달라졌답니다. 인간이 마침내 정신을
차리기 시작한 거예요!
알다시피 도시에는 인간이 너무 많아졌어요.
그 때문에 갖다 버려야 할 쓰레기가 산처럼 쌓였지요.
인간에게 쓰레기 문제를 해결할 실마리를 준 게
누구일까요?
네, 맞아요. 바로 우리 지렁이에요!
여러 해 동안 인간은 끝없이 넘쳐나는 쓰레기를 처리할
방법을 연구했어요. 그 결과 안전하고 자연스러운 방법을 알아냈지요.
사실 자연은 이미 수백만 년 전부터 그 방법을 알고 있었어요.
이제 인간은 땅 속에 커다란 구덩이를 파서 쓰레기를 묻거나
태우지 않아도 돼요. 그 쓰레기를 우리에게 주면 되니까요.
인간은 어마어마하게 큰 지렁이 레스토랑(인간은 이것을 '지렁이 양식장' 또는 '지렁이
농장' 이라고 부르지요.)을 지었어요. 그리고 우리를 맛있는 식사에 초대한답니다.
지렁이 농장은 쓰레기 문제를 해결해 줘요.

몸부림춤이 다시 유행이에요

뿐만 아니라 우리에게는 천국과 같은 곳이랍니다.
이제 우리는 넘치는 식량과 많은 친구를 얻었어요.
또 인간은 자신들을 위해 지렁이를 이용할 수 있게 되었죠.
정말 아주 오랜 시간이 걸리기는 했지만 드디어 인간이
지렁이의 가치를 인정한 거예요.

아무리 미끄러워도 지렁이들은 저녁 식탁에 모여 앉아 이야기 꽃을 피울 수 있어요. 지렁이들이 꿈틀거리며 기어가는 실력은 거의 예술이랍니다.

우리는 지렁이 농장을 별 다섯 개짜리 최고급 호텔이라고 칭찬해요. 이곳에서 우리는 마음껏 먹고 놀면서 비료도 많이 만든답니다.

호주에는 브리스베인이라는 도시가 있어요. 그 도시 변두리에는 세상에서 제일 큰 지렁이 농장이 있답니다. (제가 살고 있는 곳이죠!)

지금 이곳에서는 우리 지렁이가 아주 크게 활약하고 있어요.

지렁이 농장에는 엄청나게 많은 인간의 응가와 음식물 쓰레기가 들어온답니다. 농장에 들어온 쓰레기를 공원이나 정원에서 가져온 녹색 식물과 섞은 다음 잘게 잘라요. 그렇게 하면 지렁이의 식량이 되죠.

우리는 이 쓰레기를 먹고 당연히 그 유명한 지렁이 응가를 만든답니다.

지렁이 응가는 냄새도 없고 쓰레기도 남기지 않아요.

게다가 식물을 '잭의 콩나무' (하룻밤만에 하늘까지 자랐다는 신기한 콩나무 이야기) 처럼 크게 만들어 주죠. 지렁이 응가야말로 무공해 천연 비료인 셈이에요.

저 꿈틀이사우루스 2세는 바로 이 세계 최대의 지렁이 농장에서 학생들을 가르치고 있어요. 동시에 지렁이로서 제 몫을 다하며 살고 있답니다.

이곳에서는 2억 마리가 넘는 지렁이가 일 주일에 인간의 응가 400톤을 처리해요. 응가를 처리한다는 말은 물론 응가를 먹어 치운다는 뜻이에요.
우리가 먹는 게 무엇인지 떠올리면 여러분은 먹던 밥도 다 토해 낼지 몰라요.
하지만 우리 지렁이가 응가 케이크를 좋아하는 게 무슨 문제가 되죠?
인간은 초콜릿 케이크를 그렇게 좋아하면서 말이에요.
어쨌든 둘 다 똑같은 색깔이잖아요.
브리스베인 지렁이 농장에서 우리는 얼마나 많은 쓰레기를 먹을까요?
아마 상상하기 쉽지 않을걸요. 제가 조금 도와 드리지요.
우선 일 주일에 한 번씩 거대한 트럭 20대가 쓰레기를 가득 싣고 오는
모습을 상상하세요. 이 트럭이 싣고 온 400톤의 쓰레기는 땅에 구덩이를 파고
묻을 필요가 없어요. 그 대신 우리가 이 400톤의 쓰레기를 먹어 치우지요.
이걸 다 먹고 나면 140톤의
지렁이 응가가 나옵니다.
그러니까 일 년에 7,000톤의
지렁이 응가가 만들어지는
셈이죠. 7,000톤은 코끼리
1,400마리의 몸무게를
합친 것과 같아요!

연인들은 응가 더미 속에서
둘만의 오붓한 시간을 보내지요

달리 말하면 우리 지렁이 응가가 해마다 축구장 6,000개만큼의 흙을
되살리는 셈이랍니다. 이곳은 정말 우리 지렁이의 천국이에요!
우리 지렁이가 가장 좋아하는 두 가지는 바로 맛있는 음식과 친구예요.
이곳 지렁이 농장에서는 그 두 가지를 모두 원하는 만큼 얻을 수 있답니다.
지렁이 농장은 온도를 자동으로 조절해요. 늘 쾌적한 온도를 유지하죠.
저는 이따금 시원하고 어둠침침하고 깊숙한 곳에 앉아 밀크커피를 마셔요.
한편으로는 동료들의 연주에 귀를 기울이죠. 어떤 연주냐고요?
바로 2억 마리 지렁이가 인간의 응가를 우적우적 씹어먹는 소리죠.
우리의 음식은 12만 명의 인간이 어제, 그저께, 그리고 그그저께
아침을 먹고 싸 놓은 바로 그 응가랍니다.
아마도 그 많은 지렁이가 한꺼번에 여러분의 응가와
쓰레기를 먹는 소리보다 더 멋진 음악은 없을 겁니다.
인간은 자신들이 만들어 낸 쓰레기 문제 때문에
늘 골머리를 앓아 왔어요. 그런데 사실 그 해결
방법은 아주 가까운 곳에 있었던 거예요.
바로 여러분의 발 밑에 말이죠. 지렁이의 가치를
인간이 깨달으면서 정말 좋은 일이 생겼어요.

이제 우리 지렁이와 인간이 서로 힘을 합쳐 살게 된 거예요.
우리는 이 지구를 깨끗하게 만들면서 동시에 먹고사는 문제를 해결한 셈이죠.
우리 지렁이가 쓰레기를 처리하면 아름다운 시골과 강과 해변과 호수는
더 이상 오염되지 않으니까요. 이 얼마나 간편하고 좋은 방법인가요!

또 우리는 농사에 필요한 지렁이
응가를 만들어 내요. 인간은
지렁이 응가 덕분에 환경에
해로운 화학 약품이나
화학 비료의 사용을 줄일 수
있어요. 그러면 흙도 건강하게
보존할 수 있답니다.
지렁이가 이렇게 많은 일을
하는 동안 인간은 도대체
뭘 하느냐고요?
맛있는 쓰레기를 공짜로 제공해서
많은 지렁이를 아주아주 행복하게
해 주고 있지요!

요즘 신세대 사이에서는 청혼할 때
양상추를 입에 물고 춤을 추는 것이
유행이랍니다

지렁이를 위해 할 수 있는 일은 무엇일까?

우리는 형제, 자매, 사촌, 친구, 그리고 먼 친척들까지
모두 쓰레기 먹는 걸 정말정말 좋아한답니다.
만약 여러분이 너무 많은 쓰레기를 준다면 어떻게 될까요?
정답 : 아무리 많이 줘도 전부 먹어 치운다.
어떻게 그럴 수가 있냐고요? 우리에게는 방법이 있거든요.
바로 남는 쓰레기를 모두 처리할 수 있을 만큼 알을 낳는 것이랍니다.
우리 지렁이를 돕고 싶다고요? 그렇다면 학교나 집에 작은 지렁이
농장을 만드세요! 지렁이 농장을 만드는 건 아주 쉽고 간단하니까요.
지렁이 농장을 만들면 좋은 점이 많아요.
첫째, 자신의 쓰레기를 스스로 처리할 수 있어요.
둘째, 신선한 흙을 얻을 수 있어요.
셋째, 쓰레기 매립지(쓰레기를 묻기 위해 파놓은 큰 구덩이)에 버려지는
쓰레기를 줄일 수 있어요.
이 많은 일을 한꺼번에 할 수 있다니까요!
이제 그만 가 봐야겠네요. 점심 시간이 지났거든요.
아마 제 점심은 여러분이 어제, 또는 그저께 싸놓은 응가일 거예요.

레오나르도 다빈치가 지렁이를 연구했다는
사실을 아는 사람은 별로 없어요.
어떤 이는 다빈치가 그린 모나리자를 보면
그 사실을 쉽게 알 수 있다고 말한답니다.

깜짝 놀랄 만한 지렁이 상식 다섯가지

1 지렁이의 종류는 무려 4,000가지가 넘는데 이 가운데 겨우 5%의 지렁이에 대해서만 연구가 이루어졌답니다.

2 지렁이는 병에 걸리지 않는답니다. 혹시 감기 걸린 지렁이를 본 적 있나요?

3 과학자들의 말에 따르면 1㎡ 넓이의 땅에 사는 50-200마리의 건강한 지렁이는 해마다 거의 12kg의 흙을 뒤섞어 놓는대요. 12kg이면 건강한 코카스패니얼 개 한 마리의 몸무게랍니다.

4 5,000㎡의 땅에는 백만마리가 넘는 지렁이가 살고 있어요. 그런데 이 지렁이들은 1년에 나뭇잎, 나뭇가지, 죽은 뿌리를 10톤이 넘게 먹고 40톤이 넘는 흙을 만들어내요. 40톤은 커다란 아프리카 코끼리 8마리의 몸무게를 합친것과 같답니다!

5 세상에서 가장 큰 지렁이는? 바로 호주에 있는 깁스랜드 지렁이랍니다. 깁스랜드 지렁이는 다 자라면 6m도 넘는대요.

신나는 놀이 동산을
처음 만든 것도
바로 지렁이랍니다.
믿거나 말거나!

나만의 지렁이 농장 만들기

1. 나무로 상자를 만들거나 뚜껑이 있는 플라스틱 통을 준비하세요. 쓰지 않는 트렁크나 서랍을 이용해도 됩니다.

2. 공기가 통하고 물도 빠져나갈 수 있게 전기 드릴로 상자의 바닥과 옆면에 작은 구멍을 많이 만드세요.

3. 바람이 잘 통할수 있도록 벽돌 같은 것으로 받침대를 만든 후 그 위에 상자를 올려 놓으세요.

4. 햇빛을 가리고 물기가 마르지 않도록 상자에 꼭 뚜껑을 덮어 두세요. 옷감이나 젖은 신문으로 덮어 두면 물기가 마르는 것을 막을 수 있답니다. 지렁이가 사는 곳은 항상 어둡고 물기가 촉촉해야 해요. 지렁이는 뜨거운 햇빛을 싫어하거든요.

5. 상자의 4분의 3을 꼭 짜놓은 스폰지처럼 축축한 것으로 채우세요. 잘게 썰은 신문이나 마분지, 지푸라기, 이끼 등을 섞어서 써야 합니다. 지렁이의 소화를 돕기 위해 모래를 한 줌 넣는 것도 잊지 마세요.

6 지렁이가 먹을 수 있게 야채 조각, 신문 조각, 음식물 쓰레기를 더 잘게 썰어 주세요!
지렁이 침대(내용물)는 언제나 약간 촉촉해야 한다는 것을 잊지마세요.

주의할 점! ● 지렁이한테는 이빨이 없어요. 그러니까 모든 음식은 아주 잘게 썰어 놓아야 해요!

7 지렁이를 만지지 않고 지렁이 응가만 따로 모을 수 있을까요?
응가를 쉽게 모으고 싶다면 지렁이 먹이를 한쪽 구석에만 주기 시작하세요.
지렁이들이 먹이가 있는 곳으로 모두 옮겨가면(적어도 일 주일은 내버려두세요.)
그때 지렁이 응가를 쓸어 담습니다.
응가를 다 담으면 다시 상자 전체에 먹이를 주세요.

지렁이는 아주 잘게 다진 쓰레기를 좋아한답니다. 혹시 오렌지 한 개를 통째로 입에 물고 있는 지렁이를 본 적이 있나요?

지렁이 키울 때 주의할 점

1 양파나 마늘류(마늘, 파, 부추 등), 새콤한 과일, 고기는 지렁이에게 주지 마세요. 이런 음식에서는 고약한 냄새가 나거나 구더기가 생길 수 있어요.

2 먹이를 너무 많이 주지 마세요. 좋지 않은 냄새가 날 수 있어요. 먹이를 주기전에 지렁이가 전에 준 먹이를 다 먹었는지 꼭 확인하세요.

3 먹이를 너무 조금 줘도 안 돼요. 비실비실 몸이 마르고 혈색도 좋지 않은 지렁이가 많이 생겨요. 지렁이를 건강하게 키우려면 상자 안에 적당한 양의 먹이를 주어야 해요.

4 내용물은 언제나 알맞게 촉촉해야 해요. 물기가 너무 없어도 안 되고 너무 많아도 안 돼요!

5 한 마디만 더! 절대로, 절대로 새를 키워서는 안 돼요. 왜 그런지는 다 알겠지요?

지렁이를 행복하게 해 주려면……

1 빛 지렁이는 보통 땅 속에서 살아요. 그래서 시원하고 어둡고 축축한 환경을 좋아하지요. 그러니까 지렁이 농장에 빛이 들어가지 않도록 신문이나 삼베 혹은 다른 상자를 지렁이 상자 위에 올려 놓으세요. 물론 먹이를 줄 때는 뚜껑을 열어야겠지요.

2 물기 지렁이는 물기를 좋아해요. 또 절대로 피부에 물기가 마르면 안 돼요. 지렁이 농장을 처음 만들 때 깨끗한 물을 조금만 뿌려 주어도 농장은 충분히 축축해진답니다.
일단 농장이 완성되면 더 이상 물을 뿌릴 필요가 없어요. 만약 물을 너무 많이 뿌리거나 비가 내려서 빗물이 상자에 고이면, 지렁이들은 물에 빠져 죽을지도 모릅니다.

지렁이의 역사와 쓰레기 처리의
중요성에 관해 아주 독특하고 유익한 이야기를
들려주신 꿈틀이사우루스 2세에게
깊이 감사합니다.
이제 여러분도 알았죠?
지렁이는 우리가 흔히 생각하는 것보다
훨씬 더 중요한 동물이랍니다.

지은이 캐런 트래포드

호주에서 처음으로 지렁이 응가를 이용하는 데
앞장섰기 때문에 '지렁이 응가 아줌마'로 아주 유명하답니다.
캐런 아줌마는 대학에서 역사와 예술사를 전공했어요.
대학을 졸업한 후 환경 연구로 석사 학위를 받았지요.
지금 캐런 아줌마는 남편과 강아지 오스카와 함께
호주 시드니에 살고 있어요.

그린이 제이드 오클리

뉴 사우스 웨일즈 대학에서 미술을 전공했어요.
조각과 삽화 두 분야에서 왕성한 활동을 하는
훌륭한 미술가랍니다.

옮긴이 이루리

고려대학교 독문학과를 졸업하고,
동대학 평생교육원에서 독서지도사 반을 지도했고,
현재는 어린이책을 쓰고 번역하는 일을 하고 있습니다.

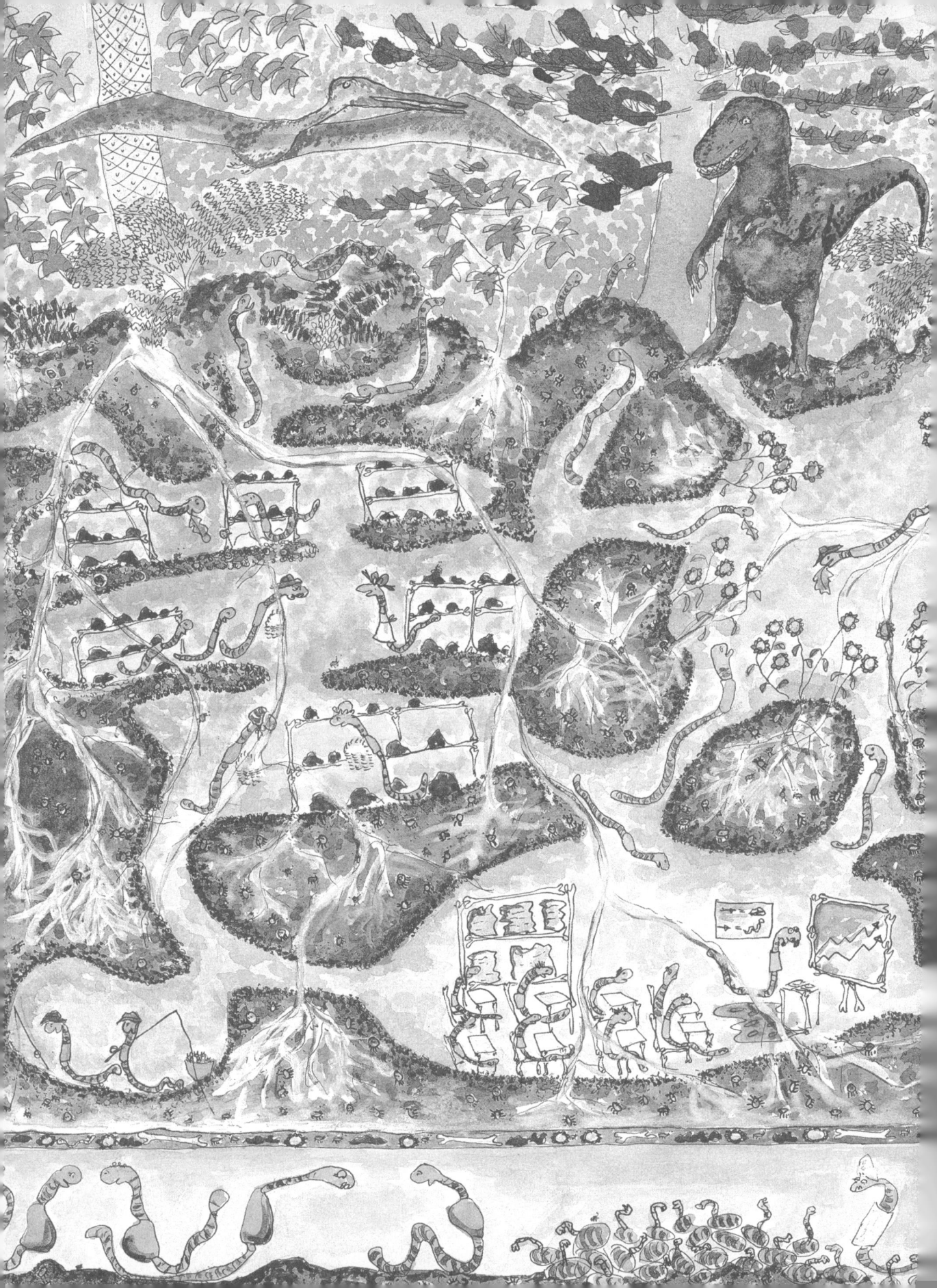